ÉCHEC & MAT

A LA POLITIQUE

DE L'ENNEMI DE LA FRANCE

par

L'ALLIANCE FRANCO - RUSSE

par

UN RUSSE

PARIS

8 juillet 1887.

ÉCHEC ET MAT A LA POLITIQUE

DE
L'ENNEMI DE LA FRANCE
PAR
L'ALLIANCE FRANCO·RUSSE

Après la bataille de Waterloo qui mettait fin aux quinze ans de succès de Napoléon Ier par un écroulement terrifiant pour le génie du belliqueuxPromothée du Rocher de Sainte-Hélène, les puissances alliées : la Russie, la Prusse, l'Autriche, l'Angleterre, décidèrent que pendant trois ans, un corps d'armée de chacune d'elles occuperait le sol de la France pour étouffer toute velléité de relèvement, et maintenir les populations qui sur un signe de Napoléon seraient accourues en nombreuses phalanges se ranger autour du drapeau de la Patrie que le Vaincu d'hier avait couvert de gloire.

Quatre corps des armées coalisées, — plus une brigade de troupes danoises — étaient placés sous le commandement du Feld-Maréchal duc de Wellington, — l'heureux adversaire de Bonaparte dans la sanglante journée ; le quartier général était installé à Cambrai et son rayonnement s'étendait dans toute la partie septentrionale de la France.

Le corps d'occupation russe était ainsi réparti : la 9me division d'infanterie sous les ordres du lieutenant-général Oudom, la 12me sous ceux du lieutenant-général Lissanciwitch ; une division de cavalerie était commandée par le général Alexeief, Comte Michel Cemenowitch Worontzoff, dont le quartier général était à Maubeuge, commandait en chef. La France ainsi ligotée ne pouvait se débattre.

Les forces alliées évacuèrent le sol français après le Congrès d'Aix-la-Chapelle (6 octobre 1818) et les troupes du Czar, passées en revue à Valenciennes par l'Empereur Alexandre Ier retournèrent en Russie. Elles seules laissèrent dans les cœurs français un souvenir sympathique, — peut-être le germe de l'amitié actuelle des deux peuples?

La puissance militaire de la France s'était si formidablement développée pendant la Révolution et sous Napoléon Ier qu'il fallut pour assombrir le flamboiement de son épée, que l'Europe entière se ruât sur elle.

Si l'on compare cette glorieuse épopée des armées françaises à celle des armées russes, dont le théâtre fut la Crimée, on est forcé d'avouer que la nation russe a prouvé à l'Europe alliée contre elle, que si la Russie signait la paix à Sébastopol, ses soldats étaient dignes d'être vainqueurs, leur héroïsme ayant enthousiasmé leurs adversaires français, bons juges en cette matière. Le courage n'est pas le seul rapprochement à établir entre eux: l'analogie des goûts d'aspirations, de sentiments, est frappante entre les deux races. Il y a entre Russes et Français une affinité native.

Il n'y a pas un peuple qui ait plus de goût, plus de dispositions, plus de bon vouloir que le peuple russe pour apprendre le français, — aussi le parle-t-il très bien et sans cet accent désagréable que l'on rencontre chez les autres nations.

Par leurs positions géographiques la Russie et la France n'ont aucun point de contact, par conséquent, un heurt direct serait impossible.

Leur rôle vrai en Europe est de marcher la main dans la main, par dessus ceux qui les séparent; elles doivent être prépondérantes et leur accord doit faire la loi dans toute conférence européenne ayant à décider d'une question internationale quelconque comme l'a dit un auteur russe: Elles doivent être le baromètre de la guerre ou de la paix.

Un général russe racontait dernièrement, dans une brochure parue à Paris, qu'il avait demandé à un paysan russe la raison pour laquelle il aimait tant les Français, alors qu'il exprimait une haine profonde pour les Allemands;

« Les Français, dis-je, vous ont fait la guerre; ils ont brûlé

Moscou et les projectiles de leur flotte ont détruit Sébastopol, tandis que les Allemands ont toujours été pour vous de pacifiques voisins.

Les Français, répliqua le paysan, venaient sur le territoire russe en adversaires déclarés, mais au moindre contact ils devenaient nos amis, car ils possèdent un esprit chevaleresque qui leur fait reconnaître partout la justice et le droit. Les Allemands eux de tout temps se sont présentés chez nous en amis ; puis après nous avoir dupés, ils s'en retournent enrichis, dénigrant notre pays avec un parti-pris inexplicable, et n'ayant pour ceux qu'ils ont exploités qu'une ingratitude toute tudesque.

Quand à Moscou, ajouta le paysan ce n'était pas une querelle de nations, mais une lutte entre Alexandre et Napoléon. »

Cette vérité, sortant de la bouche d'un homme du peuple, se trouve confirmée par l'histoire.

En effet aucune question individuelle ou nationale, ne peut diviser la France et la Russie dont les races sont si sympathiques l'une à l'autre — il est bon de le redire — et si les Napoléon, le premier et le dernier, ont, dans diverses occasions, pris parti contre la Russie, c'est qu'ils étaient guidés ou aveuglés par des vues étroites ou une politique mal comprise, qui les conduisirent d'ailleurs l'un à Waterloo, l'autre à Sedan

Il est vrai, hélas ! que le peuple en a souffert.

L'oubli n'est pas une vertu bien répandue, et n'eut été le souvenir de la Crimée, Alexandre II n'eût pas laissé démembrer la France en 1870, car toute la Russie était de cœur avec elle. Quant à l'Allemagne, la Russie est depuis un siècle, *officiellement* en bons termes avec elle et le cabinet de Berlin a parfois, depuis Sébastopol, prêté son concours à celui de Pétersbourg, mais rien n'a pu chasser des cœurs russes la haine du germain, haine que l'invasion permanente et croissante des Allemands en Russie a toujours entretenue.

Les Allemands par leur tenacité naturelle, leur souplesse d'esprit sont arrivés à s'emparer de tous les postes en Russie et cela d'une façon si générale que l'Étranger arrivant chez nous, se demande s'il est dans le pays du Czar ou dans celui du Kaiser. Dans les·hôtels, les cafés, tout est à la mode allemande; l'allemand se parle plus que le russe dans la capitale. Qu'un voyageur (je suppose qu'il est Français) ait affaire à la préfecture de Police de Pétersbourg et qu'il demande le nom du Préfet, il lui sera répondu en allemand « c'est le stadthauptmanu général-lieutenant Gresser . . ! ! bei un's ist stadtpauptmann der général Gresser.

La Russie en est-elle donc arrivée à ce point de ne plus avoir de nationaux pour leur confier le pouvoir administratif de la Capitale ? N'existe-t-il plus une famille russe ? des capacités russes ?

Voyez le Ministère des Affaires étrangères de Russie c'est M. de Giers, avec MM. Vlangali et Jomini, avec ambassadeurs à l'étranger, à Londres le Baron Staal, en Suisse M. Hamburger, etc.

J'en passe et des meilleurs.

Partout, partout, nous rencontrons les rejetons de la race teutone N'y a-t-il pas plus chez nous de noms russes, sans alliage aucun, des russes de la Russie ? ! !

Dieu merci, ils sont faciles à trouver les hommes capables et véritablement russes : les Strogonoff, Cheremetieff, Ignatieff, Obolenski, Boutourline, Tolstoï, Troubetzkoy, Chouvaloff etc. etc .. ..mais ceux-ci on n'en veux pas car ils n'ont ni l'astuce, ni la souplesse de conscience voulues pour s'arranger des moyens tortueux auxquels ont recours nos dirigeants avec les natures allemandes et Israëlites.

Cette situation est étrange ; car tout le monde en Russie et l'Empereur lui-même, convint que les fonctionnaires de souches étrangères, investis d'un pouvoir quelconque n'ont jamais rien rapporté à la Russie, et lui ont au contraire été toujours préjudiciables.

Cependant on ne peut, ou l'on ne veut pas s'en défaire.

Est-il au monde un seul peuple chez lequel le Ministre de la Justice ne sache pas la langue du pays où il est fonctionnaire ? Tel fut pourtant chez nous le cas du Ministre de la Justice, Comte Phalen, lequel absolument ignorant de la langue russe, avait réussi à amener notre Tribunal même — dont le nouveau règlement du 20 Novembre 1864 adoucissait les rigueurs — à un monstrueux avortement.

Celui qui ne connaît aucunement la Russie, — qui n'a jamais étudié son système gouvernemental, — celui-là seul peut être surpris de la mort du défunt Empereur, le libérateur des serfs russes — car si la gangréne ou le mécontentement irraisonné existait dans le gouvernement de notre empire, c'est surtout dans l'entourage du trône.

Des hommes d'initiative de cœur et d'action tel que fut l'empereur Alexandre II — il en est peu dans l'histoire. — Il fut une individualité chevaleresque dans toute la force du terme : et il n'est pas une action à lui reprocher que l'on ne puisse pardonner à l'homme.

Dans les derniers temps de son règne Alexandre II fut entouré d'hommes tels que Loris Mélikoff, Milioutine, Ignatieff et autres, sans la mort qui est venue prématurément le frapper depuis longtemps la Russie aurait joui du développement indispensable à toutes ses forces vives. Alexandre III monta sur le trône sans convictions bien affermies. Epouvanté par la mort tragique de son père il commença par se conformer au programme de Loris Mélikoff, de Milioutine et d'Abaza. Puis brusquement il adopta une opinion absolument contraire et prit pour Ministre de l'Intérieur le Comte Dimitri Tolstoï, sur le compte duquel les chroniques et journaux russes renfermaient cette appréciation : Le Comte Tolstoï a visé, revisé nos collèges et nos universités, sans pouvoir se reviser lui-même, perdant son temps et n'aboutissant à rien. Quant aux paysans, il les pressura si fortement qu'il fallut ouvrir une souscription en leur faveur.

(Le Comte Tolstoï, fut pendant près de dix-huit ans, grand procureur du Très-Saint-Synod, et Ministre de l'Instruction publique, sorti de la vie publique, il se retira dans le gouvernement de Razane et sa manière de vivre fournit un exemple presque sans précédent en Russie).

Loris Mélikoff lui succéda ; il possédait, il faut l'avouer, une grande intelligence, mais il était depuis très longtemps dans un état maladif. Il vit et jugea contrairement à toute direction logique, le Ministère des Affaires étrangères. En outre il ne s'en est jamais occupé d'une façon constante et suivie, à cause comme nous l'avons dit, de son affaiblissement physique.

Alexandre III qui, cependant, détestait les Allemands, se trouva dans une situation imprévue. Il semblait, sans motif plausible craindre d'agir contre eux et se résigna à les subir par raison d'État

Porter un jugement sur une conviction ou sur un principe politique, est chose grave et difficile, même pour celui qui vit dans un pays où règne la liberté. Je me borne donc à dire, qu'étant donné pour but un changement de *gouvernement*, c'était folie que d'attenter à la vie d'un homme. En Russie, plus que partout ailleurs le moyen était radicalement mauvais, à tous les points de vue.

Le mal **ne** résidant pas dans la personne de l'Empereur, mais bien dans un système politique, œuvre de son entourage, c'était commettre une faute impardonnable, au point de vue politique et humain que de tenter de déraciner le mal anonyme par un moyen qui paralysait en l'ajournant indéfiniment, l'action bienfaisante et prévoyante déjà commencée qui menait lentement, mais sûrement au but à atteindre.

C'est une vérité que la Russie, a besoin de la paix tant intérieure qu'extérieure. C'en est une autre que le rapprochement amical de la Russie et de la France, sera la source d'un renouvellement de vie pour ces deux puissances et pour l'Europe entière.

Nous lisons en effet dans la brochure écrite par un général russe :

« L'alliance Franco-Russe est une nécessité historique ; sa base a été posée par Napoléon Ier à Moscou et scellée par Napoléon III à Sébastopol, car sous les murs de ces deux cités, il n'y a eu ni vaincus ni vainqueurs, comme l'a dit dernièrement le général Saussier il y a eu deux grandes nations en présence l'une de l'autre qui ont appris à se connaître et à s'estimer. »

Dans ce siècle, où les guerres ont toutes un caractère commercial, où l'on se bat pour accaparer un marché ; il reste deux querelles nationales à vider, deux luttes de races : c'est la guerre franco allemande et la guerre russo-allemande. Ce combat homérique changera la carte du monde, règlera les relations des peuples, et, mettra fin à ce militarisme insensé introduit par l'Allemagne pour la ruine du genre humain.

L'école de notre grand chancelier, feu le Prince Gortchakoff a fait beaucoup de tort non-seulement à la Russie mais à l'Europe entière.

Examinons les résultats ; à partir du mouvement de la Pologne en 1863, en passant par l'enchaînement des évènements historiques, nous ne trouvons partout que vénalité ; trahison, déceptions pour la Russie. On ne peut cependant nier le patriotisme du Prince Gortchakoff ; non-seulement c'était un patriote, mais un vrai Russe, un boyard, pourtant dans ses dernières années on signala dans son jeu, tellement de coups ratés, de choux-blancs, que l'on se demanda avec un étonnement bien pardonnable, si l'âge avancé ne le conduisait pas, par un retour bien humain vers le recommencement de l'enfance.

Nous avons pris les armes en 1878 pour sauver la Bulgarie.

Qu'avons-nous retiré de cette intervention spontanée.

La Bulgarie est aujourd'hui dans une situation beaucoup plus précaire et beaucoup plus difficile qu'elle n'était avant la guerre Turco-Russe.

Quant à la Russie, non-seulement elle paraît avoir perdue toute influence sur les populations Slaves, mais encore à leurs yeux est devenue une ennemie.

A qui cette guerre a-t-elle profité ?

A l'Autriche,.........celle-ci sans scrupule n'a-t-elle pas occupé la Bosnie et l'Herzégovine !

Signalons une étrangeté ; si la Russie n'a pas pris ouvertement partie pour les Allemands contre les Français dans leur duel faussé en 1870 . . . .

L'un des adversaires a été mis hors de combat — et nous témoins muets mais conscients comment l'Allemagne nous a-t-elle récompensés.

Ainsi que nous l'avons dit, le Prince Gortchatkoff, comme tout vieillard débile, ne jouissait pas de sa liberté d'esprit et dans ces derniers temps, il se laissait « faire à la répétition » par une Allemande Julie Braun.

Des bruits contradictoires, mais ayant la même base, ont couru sur la femme Braun et le valet de chambre Stark. On les accusaient, sans preuves indiscutables de ne pas être étrangers à la mort du Prince Chancelier.

Ce qui était connu de tout le monde cependant c'est que le Prince n'osait plus penser sans la permission de Julie Braun; Après la mort du Prince, c'est encore une vérité connue de tout le monde Julie Braun épousa l'Israëlite Haïmovitch qui fut plus tard le Chevalier de.....

L'heureux couple alla s'installer à Berlin non loin de l'allée des Tilleuls, — O poésie ! et peu de temps après Haïmovitch étant mort à Baden-Baden (ville où était mort le prince Gortchakoff) Gretchen Julie Braun devint veuve — c'était une habitude chez elle. — N'est-ce pas un spectacle tragico-comique que de voir la femme Braun accommoder le chancelier de l'Empire de Russie qui se disposait à assister à la Conférence qui eut lieu à Berlin après la guerre d'Orient.

Notre ministre des affaires étrangères, assis près d'une fenêtre, seul, à l'écart, dormait du sommeil du juste pendant toutes les séances ; car par respect pour les diplomates, et la solennité de la conférence la femme Braun ne fut pas admise près de son bien-aimé.

La France, après la guerre de 1870, a prouvé qu'elle n'avait pas été vaincue, mais qu'elle avait été surprise, par les évènements dans un état de faiblesse due à l'imprévoyance, de son chef, vis-à-vis d'un ennemi préparé de longue date.

Napoléon III ne s'était-il pas lancé dans cette guerre sans

même connaître le nom des généraux auxquels il allait confier le commandement de ses armées et sans s'inquiéter des forces allemandes.

Qui donc oserait dire que la France fut vaincue ?

Le fait seul d'une armée entière, livrée par son chef, n'est-ce pas la preuve la plus éclatante que ce n'est pas à l'Allemagne que l'on doit imputer la défaite de ses adversaires, il faudrait compter sans la trahison et sans les partis pris d'une politique ténébreuse.

Est-ce que la France, depuis la guerre, n'a pas retrouvé la route du progrès et n'a-t-elle pas fait preuve de vitalité.

Par le paiement intégral d'une colossale indemnité sans précédent dans le monde, par le développement incessant de son économie politique, n'a-t-elle pas démontré, qu'affaiblie momentanément, elle pouvait redevenir et était redevenue la France d'autrefois marchant à l'avant-garde des nations.

Elle a vu l'un de ses fils, digne frère de notre immortel Michel Dimitriewicth Skobeleff, personnifier son relèvement: c'est le général Boulanger. De même que Skobeleff ralliait l'opinion nationale russe en faveur de la France, contre l'Allemagne, de même qu'il secoua en Russie l'engourdissement auquel tout le monde se laissait aller, sous l'influence germanique : de même le général Boulanger nommé chef des armées françaises, réveillait sa patrie, et savait gagner parmi ses concitoyens, l'affectueuse popularité et le prestige dont jouissait Skobeleff en Russie.

Sacrifié et rentré dans le rang, il reprit son poste militaire et patriotique.

L'un des collaborateurs du Journal « le Voltaire » s'étant rencontré le 24 Mai dernier, avec l'ex-ministre de la guerre, raconte ainsi la conversation :

La conversation, dit le rédacteur, était tombée tout naturellement sur la crise actuelle.

— Vous devinez, général, dis-je à l'ex-ministre de la guerre, qu'ayant l'honneur de vous rencontrer en un pareil moment, je sois content de connaître votre opinion. C'est une curiosité bien légiti-

me chez un patriote et un républicain soucieux de l'avenir du pays
et de ses institutions.

Le général ayant accueilli de la façon la plus bienveillante
mon entrée en matière, je continuai :

— Il se livre à cette heure, autour de votre nom, une lutte toute
de sentiment et de passion. Demain viendra la discussion. Des deux
côtés, on invoquera des raisons : ceux qui ont confiance en vous
chercheront à justifier leurs premiers élans ; ceux qui vous sont
hostiles, voudront prouver qu'ils n'ont pas tort.

Je vais donc droit au but, à la française.

Vous êtes un militaire et un homme politique. Comment
comprenez-vous votre double rôle ? Qu'avez-vous fait et que pensez-
vous faire ?

Le général accueillit cette brusque interpellation non sans
sourire :

— Tout d'abord, me dit-il, j'écarte la question relative à mes intentions politiques. Je suis républicain, j'en ai donné assez de preuves.
Hier, Ministre de la République, si je ne faisais pas partie du gouvernement de demain, j'irais simplement reprendre mon rang dans
l'armée. Elever des soupçons sur ma conduite future à cet égard,
c'est purement ridicule, et je ne m'arrête pas à discuter ces choses-là

Je vous dirais plus volontiers ce que je pense de mon œuvre
militaire.

Quand j'arrivai au Ministère de la guerre, il y avait quinze
ans que le pays dormait.

Je l'ai réveillé, comme on réveille un homme assoupi à qui
l'on frappe sur l'épaule. Il m'a écouté, encouragé, suivi et il a repris
peu à peu conscience de sa force et de sa dignité devant les dangers
et les menaces du dehors. Voilà l'effet moral considérable qui ré-
sulte de l'ensemble des travaux accomplis sous mon ministère. On
en peut critiquer maintes parties, mais il faut être bien ignorant
du sentiment publique, pour méconnaître combien certains détails
futiles en apparence, contribuent à exciter l'esprit militaire,
chez les moins belliqueux. Cet esprit qui paraissait jusqu'ici comme

le privilège de certaines provinces plus éprouvées par la dernière guerre, il s'est ranimé maintenant dans toutes les parties du territoire français.

Le pays a trouvé mon nom associé à cette œuvre et voilà pourquoi il m'a accordé de lui-même sa confiance. Est-ce ma faute si la politique en se mêlant à ces choses, les uns me représentent comme indispensable, pour la continuation du travail commencé, les autres regardent mon nom comme une menace de guerre ou de troubles si je reste aux affaires.

La guerre ! on sait bien que je ne la cherche pas et que j'ai toujours évité avec soin d'offrir le moindre prétexte à des réclamations des puissances voisines. On a pu dire le contraire à l'étranger et dans ce pays même. On n'en a jamais fait la preuve.
Non, l'armée, pas plus que le pays, ne pousse à la guerre et ne la désire, mais elle est prête à marcher le jour où nous serions attaqués.

En résumé ce que j'ose affirmer, c'est que j'ai fait tout le possible pour mettre la nation à même de se défendre, et je ne crains pas de prononcer cette fois une parole qu'on ne répète pas à la légère après les dures leçons du passé « Nous sommes prêts. »

Comme chef des affaires militaires de mon pays, voilà comment je me résume à moi-même mon rôle et mon œuvre, voilà ce que j'en pense et ce que j'en espère.

Certains qui m'approuvent jusque-là me disent : « Mais pourquoi avez-vous fait de la politique ?

De la politique oui j'en ai fait, comme en doit faire un ministre de la guerre dans une République. J'ai su persuader à ceux qui étaient sous mes ordres que ces deux mots, Armée et République, n'étaient pas inconciliables et la France peut maintenant compter je pense, sur des chefs et des soldats dévoués à ses institutions.

Et puisque nous voilà ramenés à notre point de départ, me dit en terminant le général Boulanger, je répéterai à ceux qui font peser gratuitement sur moi de blessants soupçons que, si j'ai su faire respecter par tous dans l'armée la discipline et les lois militaires, si j'ai rappelé à tous qu'ils devaient leur dévouement à la

Patrie et à la République, je suis prêt à prouver moi-même qu'en toute circonstance je sais être fidèle à mes devoirs de soldat et de républicain.

Les Russes sympathisèrent avec le général Boulanger et voyaient en lui l'homme prédestiné pour atteindre promptement le but si ardemment désiré par les deux pays : mettre un frein aux envahissements des Allemands et transformer en fait accompli l'alliance Franco-Russe.

En même temps que le général Boulanger quittait le ministère de la guerre, s'évanouissait hélas ! l'espoir du réveil des forces et des énergies trop longtemps contenues qui pouvaient et devaient unir les deux grandes puissances.

La nouvelle donnée par les journaux que trois groupes républicains du Sénat avaient déclaré à M. Grévy qu'ils seraient contraints de refuser leur confiance et la sanction de leur vote à tout cabinet dont ferait partie le général Boulanger, produisit une grande agitation à Paris. On dit même que M. Grévy craignant sérieusement un mouvement populaire, avait ordonné au gouverneur de Paris de prendre des mesures préventives. Les troupes avaient été consignées. Cet ordre fut donné à l'insu du Ministre de la guerre ce qui fit que le journal La Lanterne, s'écria que c'était le renversement du Gouvernement.

Le bruit court que le général Boulanger est désigné pour le commandement en chef du 19e corps occupant l'Algérie, on parle encore du général pour le poste d'ambassadeur à Saint-Pétersbourg ceci plairait mieux aux Russes. . . .

Monsieur Paul de Cassagnac dans son Journal l'Autorité déclare s'être rencontré avec l'ambassadeur de Russie, le baron de Mohrenheim il affirme que celui-ci lui aurait dit que « Si Monsieur Floquet était président du Conseil, lui représentant du Tzar n'aurait plus qu'à demander ses passeports. »

La Lanterne dément énergiquement cette nouvelle. Elle dit : que Monsieur de Cassagnac ayant demandé à notre ambassadeur, ce qu'il ferait au cas où Monsieur Floquet serait ministre, le Baron pour toute réponse, aurait sourit. Or un sourire n'a jamais passé pour un signe d'acquiescement.

Quelle étrange opinion se fait-on, de la Russie et de ses représentants.

La vérité c'est que la retraite du général Boulanger est le triomphe du parti allemand en France, et qu'elle fait la joie de quelque coterie politique.

A cette joie ne peuvent s'associer les vrais patriotes Russes et Français.

A Paris, plus que dans toute autre ville, le veau d'or est tout puissant, c'est un Dieu. Ce n'est pas pour rien qu'audessus de la porte du 39 du faubourg St-Honoré s'étale un écusson avec cette devise : Dieu et mon droit. C'est de là, c'est de cette maison que sortent les fonds qui servent à acheter les consciences pour l'accomplissement de tout ce qui peut nuire à la Russie et à la France

A Paris la presse conservatrice et opportuniste appartiennent à l'Internationalisme de la Banque et ne reconnaissent d'autre Dieu que le métal. Les Directeurs de leurs organes se drapèrent dans le manteau des austères Catons et tinrent le langage des anciens Romains « La République est en danger, Catilina est aux portes de Rome ! »

On se mit à rechercher sur le compte du général Boulanger de vieilles histoires dénaturées et absurdes, afin de prouver qu'il était incapable. On nia même ses états de services.

Il est déplorable de voir le plus petit plumitif venu, touchant son salaire on ne sait où, essayer de salir Celui qu'il n'est pas probablement digne de regarder en face.

D'autre part, le néfaste Ferry et sa bande voient avec tristesse que l'armée française s'est réformée et fortifiée, et qu'il n'y a plus moyen de l'envoyer au Tonkin et à Madagascar pour y être décimée, ce qui leur aurait valu un sourire approbatif de la part du Chancelier allemand, ce vampire du XIXe siècle, qui triomphe aujourd'hui parceque Boulanger n'a plus le commandement des forces françaises.

Rapprochement étrange. Un bruit très accrédité a couru à Moscou parmi le peuple, attribuant la mort de Skobeleff à la propagande criminelle des Allemands, et la sortie du Ministère du général Boulanger n'est-elle pas le fruit de la même propagande allemande ?

La haine de cette bande contre Boulanger n'a pas besoin d'explication, mais ce qu'ils exècrent encore bien plus c'est la politique extérieure actuelle de la France. Ils veulent le rapprochement avec l'Allemagne parce qu'ils ont peur d'elle malgré l'appui de la Russie.

A les entendre il faudrait toujours céder à l'Allemagne sur tous les points et ne jamais provoquer son mécontentement.

Boulanger soutenait le contraire et affirmait toujours avec raison, devant le Conseil des Ministres, que si l'Allemagne devenait de jour en jour plus arrogante envers la France c'était uniquement parcequ'elle était convaincue d'avance que la France céderait.

Il serait curieux d'analyser le préjudice énorme porté à l'armée française par le fait que Boulanger n'est plus son chef.

L'avenir le démontrera, mais j'affirme positivement que l'éloignement de Boulanger constitue pour la France une perte égale au mal causé à la Russie par la mort de Skobeleff.

Il n'a jamais existé de différents entre la Russie et la France, — je ne sais pas un exemple d'inimitié entre les deux nations mais bien plutôt et partout des preuves évidentes de sympathie.

Pourquoi n'y a-t-il pas alors le rapprochement tant désiré ? Les allemands exécrés ont poussé chez nous de telles racines que tout le sol de la Russie est entre leurs mains, — je ne parle même pas des provinces Baltiques, — là il n'y a plus trace ni vestige de la race russe. Il n'y a pas en Russie une ville, fut-elle la plus insignifiante, qui ne possède un club et un théâtre allemands.

La langue allemande est de rigueur, elle domine partout, et pas en Russie seulement.

Voyez à Paris, vers 6 heures du soir, près du Crédit Lyonnais, où se rassemble la soi-disant petite Bourse du soir, et vous n'entendrez guère d'autre langue que l'allemand.

Il faut réagir contre cette influence.

Nous ne voulons pas la guerre, nous sommes les sujets soumis et paisibles du pacifique.

Alexandre III, qui ne cherche ni conquêtes ni victoires nouvelles, à graver sur le monument de la gloire érigé dernièrement, on territoire est assez vaste, les vieux drapeaux déchirés des armées de ses pères ont parcouru le monde et flotté pendant des siècles sur tous les champs de bataille de l'Europe, où l'aigle à deux têtes n'a reculé devant aucun ennemi.

Nous ne voulons pas la guerre mais que l'Europe prenne garde ! L'Empereur sait que ses soldats, ceux dont Napoléon disait il ne suffit pas de les tuer il faut encore les renverser, sont toujours les mêmes et qu'ils sauront mourir comme sont morts leurs ainés.

Encore une fois nous ne voulons pas la guerre, mais, que la voix puissante de notre Souverain se fasse entendre du haut du Kremlin, et comme jadis les vieux croisés soulevés par Pierre l'Ermite, nous nous écrierons tous ; Dieu le veut ! Dieu le veut !

Il faut une action décisive et collective de la France et de la Russie. Il faut former une association qui ait pour but de paralyser les intrigues germaniques. Ne nous endormons pas, laissons un peu les paris aux courses et les lieux de plaisirs, ne soyons pas des enfants. Nous ne pouvons pas assister de sang-froid aux agissements de Bismarck comme au XVe siècle on assistait de sang-froid aux atrocités qui se commettaient en Espagne après les vicioires de l'insatiable et sanguinaire duc d'Albe, qui établit des réjouissances triomphales et spéciales sous le nom d'auto-da-fé et un conseil de sang sous sa présidence personnelle. On y prêtait serment de tenir éternellement secrets les actes de ce Conseil et de dénoncer tel compagnon qui aurait trahi son serment. On a exécuté parfois de non-coupables dont l'innocence était reconnue trop tard. Le président en était quitte pour dire alors: S'ils sont morts innocents, tant mieux pour eux· leur compte en sera plus facile à régler dans l'autre monde.

Le duc d'Albe se glorifiait lui même de ce que dans son gouvernement, les éxécutions atteignaient le chiffre de 30. 000.

Et pendant ce temps certains historiens, dans leurs mémoires, vantaient la douceur et la mansuétude du Duc. Il serait curieux d'établir la liste de toutes les victimes de Bismarck. — Qu'a-t-il fait des Danois ? Comment est mort le roi de Bavière ? qui l'a poussé dans l'abîme ? Jamais on ne fera le compte exact de tout le mal causé à l'Europe par Bismarck ! Et l'Europe se tait ! Et l'Autriche, secourue en 1849 par la Russie, oublie, et malgré la rude leçon que lui a infligé la Prusse en 1860 — elle s'incline devant le Chancelier de l'Empire Allemand ! Puisque jadis les puissances trouvaient que la présence de Napoléon 1er en Europe était un fléau, comment aujourd'hui n'estiment-elles pas l'existence de Bismarck un autre fléau ?

L'Europe entière se souleva pour dompter Napoléon, comment ne se trouve-t-il personne pour débarrasser l'Europe entière du joug allemand. Il n'est pas possible pourtant de se ranger approbativement du côté des complots chimiques du moderne et tout aussi sanguinaire duc d'Albe, le chancelier Bismarck.

Il y a en Russie un parti officiellement allemand, et malheureusement à la tête de ce parti est la grande duchesse Marie Pawlowna. Tout le monde se souvient du bruit que fit son brusque départ il y a quelques années et son long séjour à l'étranger à la suite d'une lettre adressée à Bismark, décachetée et soumise à l'Empereur. C'est alors que se place aussi l'incident bien connu du jeune comte Pétrowitch Schouvaloff neveu de l'ambassadeur à Berlin qui refusa de rester à son poste auprès de la grande duchesse et échangea ses aiguillettes d'aide-de camp du grand Duc contre celles plus honorifiques d'aide de camp de l'Empereur.

Le nom du comte Paul Pétrowitch Schouwaloff, Boby, comme l'appellent ses amis, à été prononcé pour la première fois lors du glorieux assaut de Khiva, quand jeune lieutenant de hussards il entra le second à la suite de Skobeleff, dans la ville en feu.

Plus tard on a beaucoup parlé de lui à propos d'une institution qui n'a duré qu'un an, qui a été fort discutée et souvent injustement condamnée. Je veux parler de la Sainte-Ligue, société secrète anti-nihiliste, formée après le 1er Mars, comme protestation des classes conservatrices contre le mouvement socialiste.

Bien des gens méconnaissent le généreux élan qui a poussé la société russe à se grouper autour du trône et si plus tard, quelques brebis galeuses sont venues mêler leurs intérêts mesquins aux pures intentions des premiers membres, il est injuste d'en rendre responsable l'association entière, qui comptait parmi elle les plus honorables de la Russie. tels que les Cheremetieff, les Strogonoff, Nowsossiltzoff, Obolensky, Boutourline, Worontzoff Dachoff, etc.

L'éxagération étant dans l'attaque elle devait être aussi dans la défense le comte Pétrovitch autrement dit BobyShouvaloff victime des intrigues du général Orjeffsky a disparu depuis plusieurs années de la scène du monde, et mène en France la vie austère du savant et du travailleur.

C'est une de ces têtes merveilleusement organisées, aptes à tout, qui gérerait le ministère de l'instruction publique aussi bien que celui de la Marine ou celui des cultes et qui fait maintenant de la chimie avec l'entrain et la conviction qu'il apportait à la police secrète. Patriote ardent, il n'a peut-être, pas été assez scrupuleux dans les moyens qu'il a employé, mais son but a toujours été de soutenir la monarchie absolue, et son dévouement envers la dynastie est au-dessus de tout soupçon. C'est un ambitieux mais non un vaniteux, et les vastes plans qui germait dans cette jeune tête et qu'il nous déroulait avec une éloquence tout à fait extraordinaire ont entrainé bien des gens à cheveux gris.

Je lui prédis encore un grand avenir politique Il a toujours été un partisan zélé de l'alliance française, et il l'a prouvé par le toast qu'il a porté à l'armée lors d'un banquet scientifique, à Paris en 1885.

Revenons à l'ennemic intime du Comte Boby Schouwoloff, la gran-

de duchesse Marie Pawlowna, l'Allemande, comme l'appelle le peuple dont l'instinct est si juste pour reconnaitre ses amis et ses enne-
mis. Dernièrement lorsque le grand duc faisait une tournée dans
les provinces Baltiques et qu'il y prononça plusieurs discours, Marie
Pawlowna pendant ce temps disait à mi-voix aux barons que le
grand duc avait reçu des instructions précises de son frère, avec
lequel il ne sympathisait pas, et que dans le fond de son cœur il était
tout pour eux.

Ses critiques sur le compte du Sénateur Manassein, maintenant ministre dont elle essaya de contrecarrer la mission ont été en-
tendues et répétées par trop de monde pour qu'il faille insister sur
ce point. Le grand duc Wladimir se trouve complètement sous
l'influence de sa femme et par conséquent, sous celle de Berlin. La
gazette de la Croix, cet organe archi-prussien, est la lecture
quotidienne de ce couple. Leurs intimes étaient le général Werder,
le comte Sedern, le comte Herbert-Bismarck, le Baron de Bulow,
et, en fait de Russes, les trois frères Benckendorff, fils d'une Au-
trichienne enragée et produits d'une éducation étrangère. L'un
est secrétaire d'ambassade à Vienne, l'autre est aide de camp de
l'empereur, le troisième est le favori spécial de la grande duchesse
qu'il accompagne dans tous ses voyages. Ce personnage appelé Mita
est trop connu en Europe par le suicide de sa femme pour qu'il
soit besoin de le qualifier ici. Citons encore le comte Pierre Schouvaloff (celui du traité de Berlin) et le prince Dolgorouky « Unser
Dolgorouky » comme appellent les prussiens ce prince russe âme
damnée de Bismarck et ami de Battenberg. Le prince Nicolas
Dolgorouky est le frère cadet du grand-maître des cérémonies et
de la célèbre Madame Albedinsky, sœur de la princesse Jouriewka
dont nous parlerons dans la suite, première favorite d'Alexandre II
à laquelle la famille Dolgorouky a dû la faveur dont elle jouissait
sous le régne précédent. Il est fils du président de la cour des re-
quêtes, dont la longue carrière officielle avait donné lieu à des critiques sérieuses, sous le précédent règne.

Les personnes à noms allemands les plus en vue se servent

de tous les moyens pour étouffer l'élément Russe,

On écrit de Berlin à la Gazette de Cologne du 22 Mai, que ce qui occupe l'attention générale, c'est la politique de la Russie dévoilée depuis la guerre d'Orient et après. — Ces choses dévoilées sont contenues dans les lettres du général le Flô adressées au Figaro et dans les explications données par le Ministre Tisza au parlement de Hongrie. Tisza ne dit pas grand chose de nouveau, mais la question capitale est celle-ci : Le prince Gortchakoff du temps de la guerre de Turquie assure par un traité la neutralité de l'Autriche pour profiter lui-même, conclut le fameux traité de San-Stéfano, en foulant aux pieds les engagements précédemment souscrits avec l'Autriche. L'attitude de l'Angleterre donna alors la force et du courage à l'Autriche pour procéder contre ce traité et la Russie dut consentir à la conférence de Berlin, pendant laquelle le prince Gortchakoff, fit de si bons sommes, torpeur due sans doute aux caresses de Julie Braun.

Le congrès chargea l'Autriche d'occuper à certaines conditions la Bosnie et l'Herzégovine et le prince Gortchakoff, appuyant la proposition, rendit le tout. On dressa des potences autour de Seraïevo pour tels individus qui préféraient mourir sous la domination du Sultan, plutôt que vivre sous le gouvernement autrichien.

Du reste, il se dégage des derniers temps de l'Administration Gortchakoff, une foule de choses dont on ne se remettra pas de sitôt et que des siècles ne suffiront pas à effacer.

A Paris également le parti allemand existe. Il est même très fort et presque tous les banquiers en sont. Mais je rends cette justice au baron Alphonse de Rothschild qui a des propriétés immenses au Caucase, il a prescrit à ses administrateurs de ne prendre au service de la Société de la mer Caspienne et de la mer Noire, non seulement pas d'Israélites, mais pas même d'étrangers fussent-ils chrétiens laissant ainsi le pas et la préférence aux Russes, *(et qui est le plus charitable au monde et fait la charité un quart pour les Israélites et trois quarts pour les autres.)*

Les plus sages parlementaires, qui pendant les derniers temps ont si carrément pris l'habitude de se dresser sur leurs pattes de derrière, devant Berlin, ont cherché par tous les moyens l'approbation de l'Allemagne.

Et le séjour de M. Herbette à Paris, — si court pourtant a comblé de joie Bismarck.

Tout le monde allemand était épouvanté de voir la politique extérieure entre les mains des Goblet, Boulanger, etc, et aujourd'hui le parti allemand jubile de leur chute.

Le triomphe de l'Allemagne et des alliés qu'elle a en France n'est qu'un triomphe de hasard, car l'heure sonnera, et elle est proche où toutes les combinaisons crouleront.

J'ose affirmer que l'Allemagne n'a pas de prétentions exagérées à l'égard de la France en ce moment et qu'elle se contenterait du *statu-quo*. Avant la conclusion de la paix de 1871 elle aurait fait des concessions.

Le but unique de l'Allemagne est de s'arranger de telle sorte que l'alliance franco-russe, ne puisse s'accomplir. Si elle s'accomplissait tous les efforts de Bismarck tiendraient à battre la Russie, fut-ce au moyen d'une alliance avec l'Autriche, l'Angleterre, et l'Italie, pour s'emparer des provinces Baltiques, du gouvernement de Pskoff et le champ libre en Orient à l'Angleterre.

Il est donc indispensable d'établir de concert une force de résistance suffisante pour s'opposer par tous les moyens à l'action perfide de l'influence allemande en Europe.

L'avenir des Russes et des Français est entre leurs propres mains.

Les questions les plus brûlantes seront résolues alors que notre ennemi commun sera tombé et l'Europe entière nous en sera reconnaissante.

On peut pronostiquer hardiment que l'eloignement du général Boulanger du poste de commandant en chef ne sera pas de longue durée. Ce n'est qu'une mesure momentanée. Avant peu ce général plein de mérite aura repris à la tête de l'armée française la place qu'il a su occuper si dignement en ne marchandant pas son amour à son pays.

* * *

*Dieu fasse qu'il y eut au monde un plus grand nombre
d'hommes de la trempe du général Boulanger. Ce n'est que par
l'initiative énergique et infatigable d'hommes tels que lui, que
pourra prendre corps la belle pensée de l'***Alliance Franco-
Russe***, résultat attendu si ardemment par tous les gens d'intentions droites et sincères qui savent aimer véritablement leur pays*

*Le général Boulanger va se rendre à Clermont-Ferrand,
son nouveau poste de commandant en chef du 13e corps.*

*Il sera éloigné de Paris mais son idée grâce au destin,
y restera toujours, et le temps viendra, quand la politique de M.
de Bismarck recevra ***Echec et Mat***, par les Français et les
Russes.*

*Eh bien relevons-nous et finissons d'être indécis. Il faut
espérer, que par l'alliance Franco-Russe, l'Europe entière aura
la paix et la tranquillité, l'Allemagne reprendra le rôle qu'elle
avait au commencement de ce siècle.*

Vive la France !

Vive la Russie !

Vive les joueurs qui par l'alliance Franco-Russe fe-
ront à la politique de M. de Bismarck « Echec et Mat »

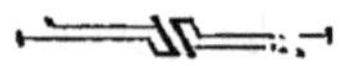